M. CHARLES GOMART

NOTICE BIOGRAPHIQUE

SUR

M. CHARLES GOMART

PAR

M. l'Abbé DANICOURT

Membre de la Société des Antiquaires de Picardie

HAM

Imprimerie de Léon Carpentier, 9, rue de Chauny

1885

NOTICE BIOGRAPHIQUE

SUR

M. CHARLES GOMART

PAR

M. l'Abbé DANICOURT

Membre de la Société des Antiquaires de Picardie

HAM

Imprimerie de Léon Carpentier, 9, rue de Chauny

—

1885

NOTICE BIOGRAPHIQUE

SUR

M. CHARLES GOMART

La ville de Ham a perdu en moins de dix ans, ses trois savants archéologues, les trois chercheurs infatigables qui suivirent des premiers le mouvement qui entraîna les esprits vers les études historiques lors de leur réveil en France : MM. Léon Paulet, Peigné-Delacourt et Charles Gomart. Tous trois ont rendu d'éminents services à l'histoire et à l'archéologie, tous trois ont contribué à donner à notre ville une célébrité nouvelle en faisant connaître ses richesses archéologiques, en présentant sous de nouveaux jours ses souvenirs historiques. Nous aimons à les confondre ici dans une même pensée, dans un même sentiment d'admiration. Toutefois nous devons à la vérité de dire que les deux premiers, malgré leur science étendue, leurs connaissances variées, ne possédaient point au même degré que M. Charles Gomart le talent d'écrivain. Et si tous trois ont des droits à la reconnaissance publique, des titres à la gloire, M. Gomart en a plus que ses deux collègues.

Révéler ses titres est un devoir pour tous ceux qui aiment l'histoire de leur pays, c'est en même temps une dette que nous venons acquitter au nom de ses compatriotes.

I.

Charles-Marie-Gabriel Gomart, naquit à Ham, le 1er juillet 1805, de M. Charles Gomart et de Dame Gabrielle Dottin.

Il fit ses études au collège de Soissons où habitaient quelques uns de ses parents.

A l'âge de 20 ans il alla se fixer à Paris dans le but de s'instruire dans la profession de son père.

De retour à Ham, vers 1826, il fut associé à son père dans l'industrie et le commerce.

Marié en 1833 à Mlle Victoire Lecaisne, il continua d'habiter Ham jusque vers 1841.

Des raisons de santé l'ayant obligé de renoncer aux affaires, il se retira à St-Quentin, pays de sa femme.

Dégagé désormais des soucis matériels et libre de toute préoccupation commerciale, il ne songea plus qu'à se livrer exclusivement à ses goûts artistiques et littéraires, car hâtons-nous de le dire, il y avait en cette riche nature bien autre chose que l'étoffe d'un commerçant : il y avait en lui l'étoffe d'un artiste, l'étoffe d'un homme de lettres et par-dessus tout celle d'un savant avec des dispositions toutes spéciales pour l'histoire et l'archéologie.

Il n'entre point dans notre cadre d'étudier ce que nous appellerons ses aptitudes secondaires, telles que son talent prononcé pour le dessin, son goût pour la peinture.

Les nombreuses planches qui ornent tous ses ouvrages disent assez avec quelle habileté il maniait le crayon.

Comme peintre il a laissé des œuvres d'un certain mérite. Il étudia la peinture à l'école de l'un de ses parents, M. Bourgeois de Guiscard.

Il fut d'autant plus à même de développer son goût et de perfectionner ses dispositions natives pour cet art, qu'il travailla en la société de M. Amédée Bourgeois, fils du précédent qui surpassa son père et remporta le grand prix de Rome.

Nous ne voulons pas exagérer ici en présentant M. Gomart comme un peintre de renom ; il n'a jamais eu cette prétention, car il ne s'occupait de peinture qu'à titre de distraction. Toutefois nous ne pouvons passer sous silence les principales œuvres qu'il a laissées en ce genre.

L'un de ses meilleurs tableaux représente l'*Hôtel de Ville de Saint-Quentin* Il fut admis à l'Exposition universelle de 1851, sous le n° 1336.

Un autre, est une *Vue de Saint-Quentin* pendant le siège de 1557.

Un troisième, conservé au Musée de Soissons, représente le *Clocher de l'Abbaye de Saint-Jean des Vignes*.

Il a peint aussi plusieurs fois le *Château de Ham*, son sujet favori.

Enfin une de ses bonnes toiles rappelle un épisode qui eut lieu dans la crypte de l'église de Ham, en 1411.

Plusieurs de ses tableaux ont été couronnés à Cambrai en 1858 et à Amiens en 1860.

Outre les originaux que nous venons de citer, il a fait un certain nombre d'assez bonnes copies de maîtres connus, qu'il a offertes à sa famille, à ses amis, à des églises, à des chapelles, etc.

L'église de Ham en possède une de quelque valeur : c'est *Saint-Charles Borromée* (patron du donateur) portant la communion aux pestiférés à Milan ; elle se trouve dans le croisillon Nord du transept.

A l'entrée du chœur de la même église on aperçoit un grand tableau ayant trait à la *Réforme de l'Abbaye de Ham*, par le R. P. Faure ; il fut restauré avec intelligence par M. Gomart.

Mais c'est plus spécialement l'*agronome*, l'*archéologue* et l'*historien* que nous voulons étudier ici et rappeler tout ce qu'il a publié à ces titres divers.

M. Charles Gomart est le Hamois qui a le
plus écrit en notre siècle, et même nous ne hasar-
derions rien en avançant qu'aucun écrivain ori-
ginaire de Ham, antérieur à lui, au moins depuis
trois siècles, n'a écrit autant que lui sur des
sujets aussi variés.

Tandis que bien des savants meurent sans
avoir fait part de leur science au public, il fut et
il restera l'un des vulgarisateurs les plus actifs et
les plus féconds de la Picardie, et en particulier
du Vermandois, au XIXe siècle.

De 1842 à 1878, c'est-à-dire dans une pé-
riode de près de 40 ans, il ne se passa point une
année sans qu'il rendît service par ses écrits, soit
à l'agriculture, soit à l'histoire locale, soit à
l'archéologie. Suivons-le dans ces trois vastes
champs.

II.

M. Gomart n'a jamais été agriculteur de profession, mais ses relations fréquentes avec ses
fermiers et plusieurs membres de sa famille qui
exploitaient des fermes modèles, lui ont permis
de faire des études spéciales sur les questions
agricoles. Or, il avait le talent de tirer parti de ses
moindres connaissances acquises et de les utiliser
au profit de la science et de ses concitoyens : là
est la clef de tout ce qu'il a fait en qualité d'agronome, de tout ce qu'il a écrit sur l'agriculture,
des missions importantes qui lui ont été confiées

et des marques de distinction qui lui furent conférées par bon nombre de sociétés d'agriculture et autres.

Pendant tout le temps qu'il fut secrétaire-archiviste de la Société académique de Saint-Quentin (de 1842 à 1850) et secrétaire-général du Comice agricole de la même ville (de 1851 jusque vers 1870), il consacra toute son activité au développement des progrès de l'agriculture.

A partir de 1852 « il s'occupa principalement de la rédaction du Bulletin du Comice agricole de Saint-Quentin, recueil dans lequel sont traitées au point de vue pratique les questions agricoles les plus intéressantes. Il était en même temps collaborateur du Journal d'agriculture pratique de M. Barral, des Annales d'agriculture française par M. Londet, du Moniteur des Comices par M. Heuzé, de l'Agriculture pratique par M. Gramoinet (1). »

Voici les principales publications de M. Gomart en ce qui concerne l'agriculture :

De l'Institution du Crédit foncier. — Brochure in-8°, Saint-Quentin, 1850.

Le Drainage au Charmel (Aisne). — Brochure in-8°, Saint-Quentin, 1851.

Des moyens de développer en France la culture du Lin. — Brochure in-8°, Saint-Quentin, 1852.

Rapport sur les Engrais commerciaux appliqués à

---

(1) Extrait de l'Annuaire de l'Institut des provinces, 1861.

l'agriculture. — Brochure in-8°, Saint-Quentin, 1853.

De l'enseignement Agricole. — Brochure in-8°, Saint-Quentin, 1855.

De la fabrication du Cidre. — Brochure in-8°, Saint-Quentin, 1867, pour laquelle le Jury du Concours régional de Saint-Quentin, lui a décerné une médaille de bronze en 1859.

Statistique agricole sommaire du département de l'Aisne. — Brochure in-8°, Saint-Quentin, 1858.

De l'application de la vapeur à la culture des terres. — Brochure in-8°, Saint-Quentin, 1860.

Une brochure sur *la Betterave et les Industries qui s'y rattachent,* pour laquelle la Société centrale d'agriculture de Paris lui a décerné, en 1857, une médaille d'argent.

De l'alimentation économique du bétail par la betterave fermentée. — Brochure in-8°, Saint-Quentin, 1860.

L'Agriculture dans le Nord de la France. — Rapport fait au Congré des Sociétés savantes, réuni à Paris, en Avril 1881. — Brochure in-8°, de 24 pages, Saint-Quentin.

Les Labours profonds. — Rapport présenté au Congré central des Sociétés savantes, réuni à Paris, le 19 Mars 1863. — Brochure in-8°, de 24 pages, Saint-Quentin.

Une excursion à Romorantin en 1863. — Brochure in-8°, de 11 pages, Saint-Quentin.

De la culture du China-Grass (urtica utilis), ortie

des Indes avec les filaments de laquelle on voulait remplacer le coton. — Brochure in-8°, de 5 pages.

La compétence dont il a fait preuve dans ses écrits sur les questions agricoles, lui a attiré des distinctions honorifiques telles que la médaille d'honneur de 1re classe décernée par l'Académie nationale agricole, manufacturière et commerciale de Paris ; elle lui a également mérité, en haut lieu, la confiance de l'administration, car le Ministre de l'Agriculture, du Commerce et des Travaux Publics le nomma Membre du Jury au Concours régional de Saint-Quentin en 1853 ; Membre de celui de Beauvais en 1854, d'Arras en 1855 et de Valenciennes en 1856. Il fut encore élu Membre du Jury du Concours général d'Agriculture à Orléans en 1853, à Paris en 1852 et 1860.

En 1855, il fit partie du Comité de l'Exposition universelle.

Enfin, il était Membre des Sociétés d'agriculture de la Marne, de Valenciennes, de la Côte-d'Or ; Membre correspondant de la Société centrale d'agriculture de Paris ; Membre du Comice agricole de Châlons-sur-Marne et de la Société de drainage de l'Oise, etc., etc.

III.

C'est surtout par ses travaux archéologiques

que M. Gomart s'est fait un nom dans le monde savant du xixᵉ siècle. Une seule chose aurait suffi pour faire sa réputation : il eut l'insigne honneur d'être pendant de longues années, le collaborateur de M. de Caumont que l'on a appelé avec raison le *Père de l'archéologie*, en France.

Il a écrit dans le Bulletin monumental publié par M. de Caumont. Ses principaux articles ont paru dans les t. xx, xxi, xxii, xxiii, xxiv, xxv et xxvi.

. La collection des Archives du Nord publiée à Valenciennes, contient de lui divers articles (t. v et vi).

Il a fait paraître aussi bon nombre d'articles dans la Picardie, tels que : *Esquisse sur l'Hôtel de Ville de Saint-Quentin.* — *Notice sur le Camp de Vermand.* — *Le Capucin de la Tour de Ham.* — *Histoire du Châtelain de Coucy et de la Dame de Fayel.* — *Les Fous et les Sots au moyen-âge.* — *Menhirs du Vermandois.* — *Une Béguine à Saint-Quentin.* — *Crypte du Tombeau de Saint-Quentin.* — *La Papoire à Saint-Quentin.* — *Le Paast des Echevins à Saint-Quentin.* — *La Légende de l'abbé Baudouin.* — *Le roi de la Fève.* — *Le Siège de La Fère par Henri IV.* — *Notice sur Origny-Sainte-Benoîte et son Abbaye.* — *Essai sur les Monnaies du Vermandois,* (série d'articles comprenant 66 pages).

Il a traité également diverses questions d'his-

toire et d'archéologie dans les Annales de la
Société académique de Saint-Quentin (t. i à x);
dans les Mémoires de la Société des Antiquaires
de Picardie, dans la Revue de l'Art chrétien,
dans l'Illustration, le Magasin pittoresque, dans
les Annales de la Société historique et archéologique de Soissons, de l'Académie de Beauvais,
de l'Annuaire de l'Institut des Provinces, et de
l'Annuaire Normand, etc., etc.

Lors du couronnement de l'Histoire de Ham,
par la Société des Antiquaires de Picardie, le
savant abbé Corblet disait dans son rapport, en
parlant de M. Gomart : « Ce vétéran de l'archéologie qui ne compte plus ses chevrons et qui
a remporté autant de victoires qu'il a entrepris
de campagnes littéraires. » C'était en 1863 :
depuis cette époque l'historien de Ham a
encore entrepris bien des campagnes littéraires
et archéologiques qu'il sut mener à bonne
fin avec la même sagacité et la même compétence. Avant d'écrire il se livrait à des
recherches consciencieuses, ce que ne font
pas bon nombre d'auteurs, même de ceux qui
passent pour sérieux.

L'un de ses grands mérites fut, comme le
disait le *Courrier de l'Aisne* du 28 décembre
« d'avoir restitué à l'histoire nationale et aux
lettres beaucoup de documents qui étaient
presque introuvables. »

Au reste l'archéologie est une science si

vaste et qui a encore tant de secrets à livrer au grand jour que ses adeptes sont loin d'avoir épuisé la matière.

Serait-elle arrivée à son entier développement qu'elle laisserait encore bien des épis à glaner aux chercheurs et aux érudits de l'avenir.

M. Gomart le savait très bien et voilà pourquoi il allait toujours de l'avant et devint un archéologue consommé.

Les Sociétés savantes le connaissaient comme tel, aussi se sont-elles empressées, pour la plupart, de lui offrir une place d'honneur dans leurs rangs.

Il fut Inspecteur divisionnaire de la Société française d'archéologie pour la conservation des monuments ; Correspondant du Ministère de l'Instruction publique et des Cultes pour les travaux historiques ; Officier d'Instruction Publique ; Membre de l'Institut des Provinces ; de la Société française de Numismatique ; Membre titulaire non résidant de la Société des Antiquaires de Picardie ; Correspondant des Académies d'Arras et de Reims ; de la Société archéologique de Soissons, de celle de Beauvais, de celle de l'arrondissement d'Avesnes ; de la Société académique de Laon ; des Sociétés savantes de Lille, Rouen, Cambrai, Douai, Valenciennes, Dunkerque, Abbeville, Châlons-sur-Marne, Châlons-sur-Saône, Le Mans, Le

Puy, Auxerre, Sens, Moulins, Gand, Liège, Mons, Tournay et du Hainaut.

IV.

Chez M. Gomart l'archéologue prime l'historien, cependant nous inclinons à croire que la mémoire de l'historien survivra à celle de l'archéologue, si tant est qu'on puisse séparer ces deux choses en lui. Les articles publiés dans des revues ou sous forme de brochure s'égareront bien vite, tandis que les Histoires locales auxquelles il a attaché son nom resteront.

Nombreux sont les travaux et les ouvrages historiques de M. Gomart.

Voici les principaux :

Essai sur l'Ere féodale. — Brochure in-8°, Saint-Quentin, 1843.

Le Château de Ham et ses Prisonniers. — Brochure in-8°, Saint-Quentin, 1853.

Notice sur l'origine du Château de Ham. — Brochure in-8°, Saint-Quentin, 1853.

Etude sur l'Hôtel de Ville de Saint-Quentin, avec gravures. — Brochure in-8°, Saint-Quentin, 1856.

La Fête de l'Arquebuse à Saint-Quentin. — Brochure in-8°, Amiens, 1856.

Notice sur le Camp romain de Vermand, avec plans et gravures. — Brochure in-8°, Caen, 1856.

L'Abbaye d'Origny-Sainte-Benoîte (Aisne). —

Brochure in-8°, avec plans, Paris, Pringuet, 1857.

De la peine du bannissement à Saint-Quentin aux XIIe *et* XIIIe *siècles.* — Brochure in-8°, Laon, 1857.

Coup d'œil sur les Anciennes Enseignes de Saint-Quentin. — Brochure in-8°, Caen, 1858.

Notice sur la Chapelle des Endormis de Sissy, canton de Ribemont. — Brochure in-8°, avec gravures, Caen, 1858.

Le Château de Bohainct (Bohain) *et ses Seigneurs.* — Brochure in-8°, Valenciennes, 1858.

Le Cimetière Mérovingien de Vendhuile. — Brochure in-8°, Laon, Fleury, 1858.

Siège de Saint-Quentin et Bataille de Saint-Laurent en 1557. — Brochure in-8° (88 pages), avec plans et gravures, Saint-Quentin, 1859.

Abbaye de Saint-Quentin en l'Isle, d'après plusieurs manuscrits, (212 pages.)

Essai sur le Château et les Seigneurs de Moy en Vermandois. — Brochure in-8° de 58 pages, Saint-Quentin.

Voici maintenant ses ouvrages les plus importants :

1° *Histoire de l'Église et de la Ville de Saint-Quentin,* d'après les manuscrits originaux de Quentin La Fons, 3 vol. in-8°, avec plans et gravures, Saint-Quentin, chez Doloy 1854, 1855, 1856. La Société française d'archéologie pour la conservation des monuments a décerné une médaille d'argent à l'auteur de cet ouvrage.

2° *Etudes Saint-Quentinoises*, dans lesquelles M. Gomart traite une foule de questions relatives à l'histoire et à l'archéologie sur la ville de Saint-Quentin, les environs, etc., et reproduit ses principales brochures ainsi que de nombreux articles publiés ailleurs.

Ces *Etudes* forment 5 volumes in-8°.

Tome I, de 1844 à 1851.

Tome II, de 1852 à 1861.

Tome III, de 1862 à 1870.

Tome IV, de 1870 à 1874.

Tome V, de 1874 à 1878.

3° *Ham, son Château et ses Prisonniers.* — 1 vol. in-8°, Saint-Quentin, chez Doloy, 1864.

4° *Essai historique de la Ville de Ribemont et de son Canton*, 1 vol. in-8°, Saint-Quentin, 1869.

Hamois d'origine M. Gomart fut surtout fidèle à la ville qui lui a donné le jour, et l'Histoire de Ham est l'un de ses bons ouvrages. Il se proposait naguère de faire une nouvelle édition, à laquelle il aurait apporté des modifications qu'il jugeait lui-même nécessaires ; mais le Conseil municipal de Ham ne l'ayant pas encouragé il y renonça. C'est à cette époque que, sollicité par les officiers et les soldats de la garnison ainsi que par d'autres personnes, nous avons pris le parti de publier une *Histoire populaire de la Ville et du Château*, avec la collaboration de M. Elie Fleury.

Nous avons dit tout à l'heure que l'Histoire

de Ham est un des *bons* ouvrages de M. Gomart ;
ce qualificatif semble impliquer une réserve : en
effet, le meilleur ouvrage de M. Gomart est
l'*Histoire de Ribemont*.

Non seulement il fit preuve de patriotisme en
écrivant l'histoire de son pays, mais encore il
offrit à la bibliothèque de la ville un exemplaire
de toutes ses œuvres solidement reliées ; il fit
don égalenent d'un grand et magnifique album
renfermant une foule de vues, de plans, de
dessins sur Ham, son église, son château, etc. ;
il fit aussi don d'un album où sont recueillis
bon nombre de plans et de vues de Saint-Quentin,
des principales villes de l'Aisne et de quelques
villes de la Somme.

Dans la séance du Conseil municipal du 25 avril
1869, il fit hommage à sa ville natale de nombreux ouvrages pour la fondation d'une bibliothèque
communale. La plupart de ces livres concernent
l'histoire de la localité et de son château, ou bien
sont les œuvres d'écrivains Hamois, ou de gens
qui y ont séjourné, ce qui rend cette collection
des plus précieuses.

V.

Ce ne sont point là les seules preuves de
dévouement que M. Gomart donna à son pays,
car il nous tarde d'envisager en lui le *citoyen*.

Membre du Conseil municipal de Ham de

1830 à 1842, il apporta dans les questions débattues au sein de cette assemblée et dans la discussion, cette intelligence et ce sens éminemment pratique dont il était doué. En qualité de Membre de la Commission des écoles il eut une part active à toutes les mesures prises pour la construction de l'école actuelle des garçons qui n'est pas trop à dédaigner même auprès des palais-écoles de certaines localités. Ceci prouve que, il y a 50 ans, les conservateurs n'étaient pas aussi indifférents, qu'on voudrait le faire croire, pour la question des écoles des enfants du peuple.

A St-Quentin, M. Gomart prit également rang parmi les édiles de la cité, à partir de 1860 jusque vers 1870. Il fut mêlé à tous les débats qui agitèrent le Conseil municipal, débats suivis la plupart du temps de polémiques dans les journaux, mais polémiques courtoises.

Il y a plus, le Conseiller municipal de Saint-Quentin a fait diverses publications, entr'autres :

Observations sur la proposition d'un Emprunt de 1,200,000 à contracter au Crédit-Foncier, présentées au Conseil municipal, 1861.

Nouvelles observations à la réponse du Maire, sur l'emprunt en question, 1862.

Examen des moyens d'exécution des Fontaines publiques à Saint-Quentin ; Propositions faites au Conseil municipal, 25 février 1865.

Le mandat de Conseiller municipal à remplir

dans une ville comme Saint-Quentin, les importantes missions dont il fut chargé, tout cela étendit encore le cercle de son activité et de son influence. Vice-Président de la Société de Secours mutuels, Secrétaire de la Chambre consultative d'agriculture, Administrateur de la Caisse d'Epargne, Membre du Conseil d'hygiène et de salubrité de l'arrondissement, Secrétaire de la Commission de statistique, Capitaine dans la garde nationale, Délégué cantonal, Membre d'une foule de Sociétés énumérées précédemment, M. Gomart ne resta étranger à aucune des questions qui agitent une grande ville, à aucun des intérêts qui s'y débattent.

En 1876, circulant dans Paris pour ses affaires, il fut victime d'un accident de voiture : renversé par terre, il eut le col du fémur fracturé. Il supporta son mal pendant 8 années consécutives avec une patience héroïque.

Atteint, en août 1883, d'une congestion cérébrale que l'on eut le bonheur de combattre immédiatement et de détourner, il devait succomber à celle qui le frappa le 22 décembre 1884 : il mourut le 25 décembre de la même année.

Ses obsèques ont eu lieu à Saint-Quentin, le samedi 27, au milieu d'une affluence considérable : On y voyait figurer les notabilités de St-Quentin, ainsi que diverses personnes de Ham, notamment M. L. Carpentier, directeur du *Journal de Ham*, représentant le Comité de l'École libre des jeunes filles, dont M. Gomart était l'un des fondateurs.

Les honneurs militaires lui furent rendus par une compagnie du 87ᵉ de ligne, car M. Gomart était chevalier de la Légion d'honneur depuis 1858.

Les cordons du poële étaient tenus par MM. Lehoult, président de la Société de Saint-François-Xavier, Lecaisne, adjoint au Maire, Legrand et Massart.

Plus heureux et mieux inspiré que certains historiens de nos jours qui, après avoir vu de près l'action de la divine Providence dans l'histoire de l'humanité, meurent sans Dieu, sans les consolations ni les honneurs de la religion, M. Gomart vécut et mourut en chrétien. Il avait compris cette parole d'un profond savant : « Peu de science éloigne de la religion, beaucoup de science y ramène. » L'archéologie nationale, qu'il possédait à fond, où se révèle à chaque pas l'empreinte du christianisme, aurait suffi au besoin pour lui faire aimer cette religion qui inspire si bien les arts ; mais l'action de la digne compagne de ses jours, le souvenir constant de sa pieuse mère, l'influence qu'avait exercé sur son enfance et sa jeunesse une femme d'un rare mérite, Mademoiselle Marthe-Augustine Gomart, sa tante, l'ont toujours maintenu dans ses sentiments chrétiens et l'ont rapproché plus spécialement de Dieu dans les dernières années de sa vie. Il faisait beau voir et entendre en ces derniers temps ce vénérable vieillard en qui la religion et la science couronnaient deux fois les cheveux blancs ! Aussi lègue-t-il à ses petits-enfants et à ses neveux l'héritage le plus noble, le plus précieux, le plus digne d'envie : l'amour de la religion, de la science et de son pays, prouvé par les exemples d'une vie bien remplie à tous égards.

www.ingramcontent.com/pod-product-compliance
Lightning Source LLC
LaVergne TN
LVHW021741030726
842523LV00003B/851